Animales asombrosos

Campamento de criaturas

División

Linda Ruggieri, M.A.T.

Autora contribuyente

Kat Bernardo, M.Ed.

Asesoras

Michele Ogden, Ed.D
Directora, Irvine Unified School District

Jennifer Robertson, M.A.Ed.
Maestra, Huntington Beach City School District

Créditos de publicación

Rachelle Cracchiolo, M.S.Ed., *Editora comercial*
Conni Medina, M.A.Ed., *Gerente editorial*
Dona Herweck Rice, *Realizadora de la serie*
Emily R. Smith, M.A.Ed., *Realizadora de la serie*
Diana Kenney, M.A.Ed., NBCT, *Directora de contenido*
Stacy Monsman, M.A., *Editora*
Kevin Panter, *Diseñador gráfico*

Créditos de imágenes: pág. 4 Image Source/Getty Images; pág. 7 dpa picture alliance/Alamy Stock Photo; pág. 8 The Science Picture Company/Alamy Stock Photo; pág. 9 Picture by Tambako the Jaguar/Getty Images; pág. 15 John Cancalosi/ Getty Images; pág. 16 Wild Horizons/UIG via Getty Images; págs. 18–19 PhotoStock-Israel/Alamy Stock Photo; pág. 20 (superior) NOAA/Alamy Stock Photo, (centro) Joel Sartore/ Getty Images, (inferior) US Coast Guard Photo/Alamy Stock Photo; pág. 21 Felix Choo/Alamy Stock Photo; todas las demás imágenes de iStock y/o Shutterstock.

Teacher Created Materials

5301 Oceanus Drive
Huntington Beach, CA 92649-1030
http://www.tcmpub.com

ISBN 978-1-4258-2884-4

© 2018 Teacher Created Materials, Inc.
Made in China
Nordica.102017.CA21701218

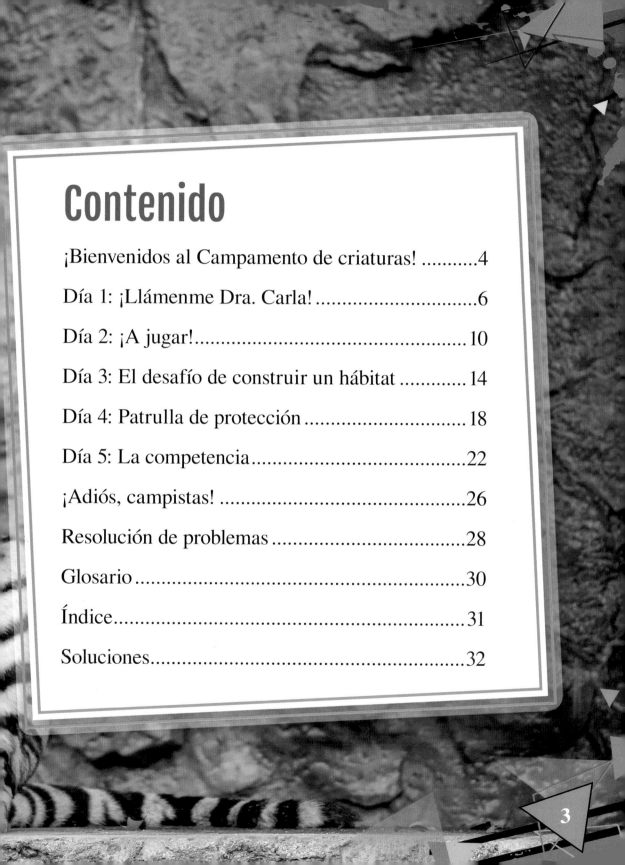

Contenido

¡Bienvenidos al Campamento de criaturas!

Cada verano, más de cien millones de visitantes entran por las puertas de los zoológicos. Pasan el día mirando los animales. Algunos van a ver alguna **exhibición** en particular. También pueden tomar algunas fotografías. Al final del día, vuelven a casa felices por lo que vieron.

Pero Rosa, Ben, Javi y Carla quieren hacer más que solo mirar animales. Quieren ser guardianes de zoológico juveniles durante una semana en el zoológico local. Así que irán a un campamento de verano especial. No será un mero recorrido por el zoológico. Verán cosas que otros visitantes no verían ni en sueños. Durante su semana en el campamento, ayudarán a crear **hábitats**. Asistirán a animales enfermos. Los campistas también aprenderán cómo proteger a los animales en **peligro de extinción**. ¡Únete a ellos al partir hacia el campamento de criaturas!

Rosa, Ben, Javi y Carla

Día 1: ¡Llámenme Dra. Carla!

Hoy fue mi primer día en el campamento de criaturas, ¡y fue increíble! Primero, conocí al líder del grupo, Chip, el consejero. Luego conocí a los otros campistas: Rosa, Ben y Javi. A continuación, Chip nos dio nuestras tareas del día. Yo debía visitar a la Dra. Carter en el hospital de animales del zoológico. Chip dijo que la Dra. Carter necesitaba ayuda para cuidar un lobato.

El lobato no estaba muy bien. Ayer estaba jugando con su manada. Pero hoy solo quería dormir. A la Dra. Carter le preocupaba que pudiera tener un virus. Esto explicaría por qué se veía tan cansado. La Dra. Carter me dejó ayudar mientras ella sostenía al cachorro. ¡El pobre lobato parecía tan asustado! Así que acaricié su suave pelaje para calmarlo. La Dra. Carter tomó una muestra de sangre. ¡El lobato fue tan valiente! Ni siquiera se quejó. Me gusta pensar que yo tuve algo que ver con eso.

Manada de lobos

Un trabajador de una reserva natural sostiene un lobato mientras lo vacunan.

Madre y lobato

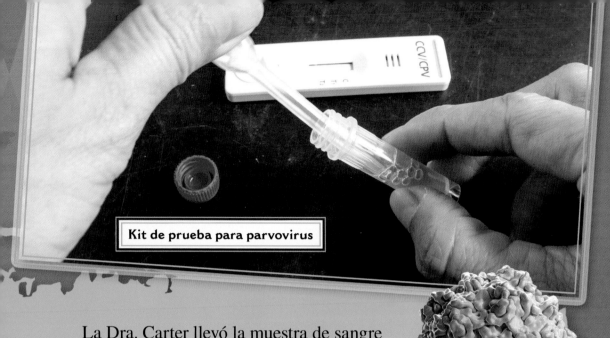

Kit de prueba para parvovirus

Primer plano de
partículas de parvovirus

La Dra. Carter llevó la muestra de sangre del lobato a otra habitación. Su asistente, Val, vería si la sangre tenía **parvovirus**. Mientras, la Dra. Carter me dejó mirar cuando le revisaba los dientes al cachorro. Le abrió la boca suavemente y miró en su interior. Tenía muchos dientes, pero faltaban algunos. La Dra. Carter dijo que los lobos nacen con dientes de bebé como nosotros. Los llamó "dientes de leche". El cachorro había perdido algunos dientes de leche y ya le habían empezado a crecer algunos de los permanentes.

Val volvió con los resultados. La prueba de parvovirus había dado positiva. Sin embargo, la Dra. Carter nos dijo que no nos preocupáramos. El cachorro iba a pasar unos días en la clínica del zoológico. Tendría que tomar algunas medicinas, ¡pero estaría como nuevo en una semana!

Quería llevar el lobo a mi litera. Pero Val me recordó que se trataba de un animal salvaje. No importa qué tan tierno sea un animal salvaje, nunca debes tocarlo si no hay algún adulto cualificado cerca.

Dientes de leche

Dientes permanentes

EXPLOREMOS LAS MATEMÁTICAS

La Dra. Carter le dice a Carla que cuando el lobato tenga alrededor de 28 semanas, todos sus dientes de leche habrán sido reemplazado por dientes permanentes. ¿Como cuántos meses tendrá el cachorro cuando todos sus dientes sean permanentes?

Día 2: ¡A jugar!

Hoy aprendimos sobre algo que se conoce como **enriquecimiento**. Cosas como los libros, los juguetes, las bicicletas, los juegos y las actividades mantienen nuestra mente activa. Los animales también necesitan mantener la mente ocupada. Esto los ayuda a aprender y los hace felices.

Hoy el consejero Chip nos pidió que observáramos los elefantes en su **cercado**. Luego nos pidió que creáramos artículos enriquecedores para ellos. Estos artículos los ayudarían a mantener la mente activa. El consejero Chip quería que los elefantes vieran, olieran, escucharan, degustaran o tocaran algo en la actividad. Esto iba a ser difícil. Así que Ben y yo decidimos trabajar juntos.

Primero, fuimos hasta el hábitat de los elefantes. Queríamos ver cómo jugaban juntos. Vimos a una elefanta usar su trompa para sorber agua. Luego la roció sobre sí. Ben pensó que esto la ayudaba a refrescarse. También vimos elefantes que luchaban con sus amigos. ¡Les encanta rodar en el lodo!

Crías de elefante juegan a la lucha.

Una elefanta se rocía agua por encima.

Después, Ben y yo leímos los letreros que había en la exhibición. Aprendimos que los elefantes pueden comer hasta 600 libras (275 kilogramos) de alimento por día. ¡Pasan alrededor de 20 horas por día comiendo!

Esto nos dio una idea para nuestra actividad de enriquecimiento. Usaríamos el alimento como parte del juego. Pedimos a los consejeros que nos ayudaran a encontrar los materiales. Nos dieron unos barriles. Llenamos los barriles con heno, zanahorias y lechuga. Los tapamos con firmeza. Así, los elefantes necesitarían descubrir cómo sacar la comida.

Elefantes juegan con neumáticos como parte de un programa enriquecedor.

Queríamos que también usaran su sentido del olfato. Como comen tanto, decidimos usar más comida. Tomamos bananas, uvas y manzanas. Luego colocamos la comida dentro de unos neumáticos. Ben y yo usamos cuerdas para atar cada neumático y mantener el alimento adentro. Después le pedimos al consejero Chip que escondiera los neumáticos en el hábitat de los elefantes.

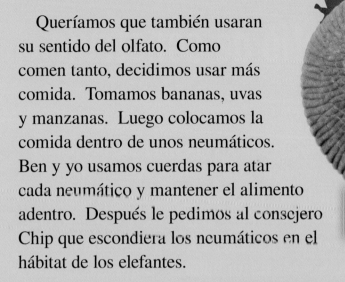

¡Un elefante adulto puede comer hasta 2,000 bananas por día!

EXPLOREMOS LAS MATEMÁTICAS

1. Carla y Ben tienen 5 barriles y 100 libras de heno. ¿Cuánto heno puede entrar en cada barril?

2. Hay 36 bananas. Carla y Ben quieren poner 6 bananas en cada neumático. ¿Cuántos neumáticos pueden llenar para los elefantes?

13

Día 3: El desafío de construir un hábitat

Hoy, después del desayuno, visitamos la exhibición del panda. El consejero Chip nos pidió que describiéramos lo que veíamos. Señalé un campo de césped con una gran cueva en el medio de la exhibición. Javi señaló el estanque y el arroyo. Rosa notó que crecía bambú contra la cerca. El consejero Chip dijo que habíamos encontrado todos los **elementos** de un hábitat. Todas las criaturas necesitan espacio, refugio, agua y comida.

Un panda descansa en su hábitat.

14

Lagarto cornudo

Un lagarto cornudo luego de haber lanzado sangre por el ojo

Después del almuerzo, el consejero Chip nos llevó al edificio de los reptiles. Explicó que nuestro siguiente desafío sería construir un hábitat nuevo para los reptiles. Primero, debíamos elegir un reptil. Luego, teníamos que investigar qué tipo de hábitat necesita. Finalmente, debíamos construir el hábitat.

¡Lo mejor fue que pudimos poner reptiles de verdad en nuestros hábitats! Yo elegí un lagarto cornudo. ¡A mi hermanito le encantan porque lanzan sangre por los ojos! Lo hacen para protegerse de lobos, perros y coyotes. La sangre los confunde. Además, la sangre puede ser dañina para esos animales. ¡Pero igual pienso que es asqueroso!

15

Sabía que necesitaba darle mucho espacio al lagarto cornudo. Leí que el lugar debía tener tres veces su longitud. Como el lagarto cornudo tenía unas 5 pulgadas (13 centímetros) de largo, sabía que iba a necesitar una pecera de 15 in (38 cm). Decidí poner arena, palitos y hojas secas en el fondo de la pecera. Los lagartos cornudos viven en climas cálidos, así que agregué una lámpara de calor. A continuación, tomé unas rocas y construí una pequeña cueva. Lo único que faltaba era el alimento. ¡El menú incluye hormigas! Volqué algunas hormigas dentro de la pecera y cerré la tapa con firmeza.

El consejero Chip trajo un lagarto cornudo de la sala de reptiles. Abrió la pecera con cuidado y colocó el lagarto sobre la arena. Al principio, el lagarto se quedó quieto. Luego vio una hormiga y la cazó rápidamente con la lengua. El lagarto empezó a explorar su nuevo hogar. ¡Creo que le gustó!

Lagarto cornudo

EXPLOREMOS LAS MATEMÁTICAS

1. El zoológico consigue hormigas en recipientes que contienen 1,000 cada uno. Un lagarto cornudo adulto puede comer alrededor de 100 hormigas por día. ¿Cuántos días durará un recipiente de hormigas?

2. Carla le da de comer 5 hormigas por vez al lagarto cornudo. Si el lagarto come 100 hormigas, ¿cuántas veces será necesario alimentarlo?

Día 4: Patrulla de protección

El consejero Chip nos despertó muy temprano hoy. ¡Dijo que iríamos de viaje! Empacamos nuestras mochilas y fuimos hasta la camioneta. Cuando el consejero Chip subió a la camioneta, nos contó sobre las tortugas marinas. Dijo que estaban en peligro de extinción debido a la caza, la pesca y la **contaminación**. Dijo que pasaríamos el día ayudando a limpiar algunas tortugas marinas bebé que quedaron en medio de un derrame de petróleo.

Llegamos al Centro de **Rehabilitación** de Tortugas Marinas, donde conocimos a la Dra. North. Nos contó que la contaminación es una de las **amenazas** más grandes para las tortugas marinas. Las tortugas marinas podrían comer alimentos sucios o quedarse atascadas en la basura. También les puede entrar petróleo a los pulmones.

Las tortugas se trasladan mucho durante su vida. Por lo tanto, la contaminación puede ser una amenaza donde vayan. La vida de una tortuga marina comienza en la tierra. La madre cava un hoyo y deja los huevos. Después de que eclosionan, las **crías** salen arrastrándose del hoyo. Luego van hacia el océano. ¡Podrían entrar en contacto con la contaminación en cualquiera de esos lugares!

Una tortuga marina pone huevos en la playa.

Huevos de tortuga marina y una cría en la arena

Una cría se aleja del petróleo.

La Dra. North nos llevó al laboratorio, donde nos mostró una gran pila llena de crías de tortuga marina. Nos explicó que habían llegado el día anterior. Estaban cansadas, frías y asustadas. Su equipo las colocó bajo lámparas de calor para que pudieran calentarse. ¡Después de una buena noche de descanso estaban listas para su limpieza!

Un veterinario se prepara para limpiar una tortuga marina cubierta de petróleo en el Golfo de México.

Crías limpias

Las tortugas estaban muy **deshidratadas**. La Dra. North me mostró cómo usar una **jeringa** para darles pequeñas cantidades de agua. Luego trajo un frasco de mayonesa. Pensé que era la hora del almuerzo, ¡pero la Dra. North dijo que la usaríamos para limpiar las tortugas! Explicó que la mayonesa se mezcla con el petróleo. Se puede limpiar la mezcla con una toalla. Una vez que las limpiamos, fregamos las crías con jabón y agua tibia. Finalmente, las secamos con toallas suaves. Las tortugas parecían mucho más felices ahora que estaban limpias y calientitas.

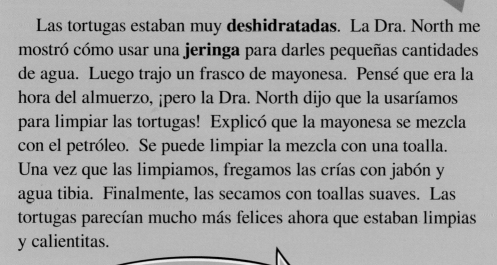

EXPLOREMOS LAS MATEMÁTICAS

Los campistas van a limpiar 20 tortugas. Usan una taza de mayonesa para limpiar cada tortuga. Un frasco de mayonesa contiene 4 tazas. ¿Cuántos frascos de mayonesa necesitarán?

Una cría se queda dormida en la mano de una rescatista.

Mayonesa

NET
FL OZ
(1PT) 473mL

Día 5: La competencia

Hoy era el día que había estado esperando toda la semana. ¡Era la competencia de datos animales! En la primera ronda, tuvimos que elegir qué animal pensábamos que era el más fuerte.

Rosa y yo elegimos el elefante africano. Recordábamos haber leído que los elefantes pueden cargar más de 19,000 lb (8,600 kg) en sus espaldas. Ben eligió el tigre, sobre el que había leído que podía tirar 1,200 lb (550 kg). Javi eligió… el escarabajo pelotero. Todo nos reímos. ¡Los escarabajos peloteros son tan pequeños! ¡Solo pueden tirar 50 lb (23 kg)! Estaba lista para ganar la primera ronda.

Elefante africano

Tigre siberiano

Escarabajo pelotero

Pero Javi me detuvo. Dijo que como los escarabajos peloteros son tan pequeños, 50 libras es realmente asombroso. ¡Es más de 1,000 veces su peso corporal! Ben, Rosa y yo volvimos a mirar nuestros libros. Los tigres pueden tirar dos veces su peso corporal. Y los elefantes solo pueden cargar un poco más que su propio peso. Parece que, después de todo, ¡Javi tenía razón!

EXPLOREMOS LAS MATEMÁTICAS

1. Los campistas saben que un tigre puede tirar dos veces su peso corporal. Si un tigre macho tira 220 kilogramos, ¿cuánto pesa?

2. Una tigresa del zoológico pesa unos 70 kilogramos. ¿Cuántos kilogramos puede tirar?

Javi estaba contento de haber ganado la primera ronda, ¡pero yo tenía una buena corazonada acerca de la siguiente! En la segunda ronda, tuvimos que elegir qué animal creíamos que era el más veloz. Yo estaba segura de que los guepardos ganarían. Javi eligió el halcón peregrino. Rosa, la liebre. Y Ben estuvo de acuerdo con Rosa.

Comparación de velocidades

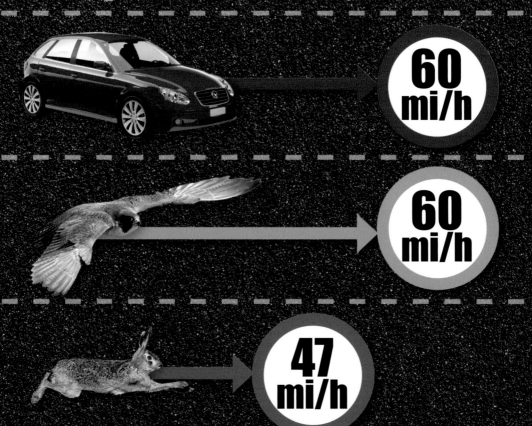

60 mi/h

60 mi/h

47 mi/h

70 mi/h

Otra vez, recurrimos a los libros en busca de datos. Ben fue el primero en encontrar un dato esta vez. Dijo que las liebres pueden correr a unas 47 millas (75 kilómetros) por hora. Es rápido, ¡pero no tanto como para ganar esta competencia! Yo encontré que los guepardos pueden correr a hasta 70 mi/h (110 km/h). ¡Eso es más rápido que un auto en la autopista! Javi encontró algo de información sobre los halcones peregrinos. Dijo que pueden volar a hasta 60 mi/h (100 km/h). Yo estaba segura de que esta vez ganaría. ¡Pero no tuve suerte! Cuando los halcones vuelan en picada, pueden alcanzar una velocidad de 240 mi/h (390 km/h). ¡Javi volvió a ganar!

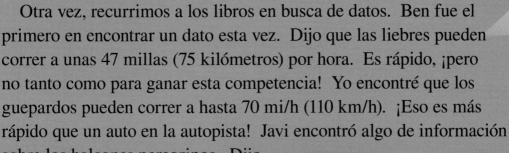

Halcón peregrino

EXPLOREMOS LAS MATEMÁTICAS

Los campistas descubrieron que los halcones peregrinos pueden volar en picada a una velocidad de 240 millas por hora.

1. Si un halcón peregrino vuela a 40 millas por hora, ¿cuántas veces más rápido puede volar en picada?

2. Si un halcón peregrino vuela a 60 millas por hora, ¿cuántas veces más rápido puede volar en picada?

¡Adiós, campistas!

La competencia de datos animales marcó el final del campamento de criaturas. Debía despedirme de todos mis nuevos amigos. Fui hasta el hospital de animales para ver cómo estaba el lobato. Se sentía mucho mejor y jugaba con su manada otra vez. La Dra. Carter dijo que su **recuperación** fue total.

Luego pasé por donde estaban los elefantes. ¡Fue genial ver que todavía jugaban con los juguetes que les hicimos! Todavía no habían abierto el barril con alimentos, pero estaban a punto de lograrlo. Después, me detuve en la casa de los reptiles para ver si al lagarto cornudo aún le gustaba su hábitat. Seguro que sí, se estaba calentando debajo de la lámpara de calor.

Luego llegó el momento de decir adiós a Ben, Rosa, Javi y el consejero Chip. Todos prometimos seguir cuidando los animales. ¡Ya estoy esperando verlos otra vez el próximo año en el campamento de criaturas!

⚙️ Resolución de problemas

Los escarabajos peloteros hacen algo que la mayoría de las personas considera asqueroso. Los escarabajos peloteros beben el líquido que se encuentra en el estiércol (¡excremento!). Dejan sus huevos en bolas de estiércol. También entierran estiércol. Todo este trabajo duro ayuda a mejorar el suelo. También ayuda a controlar la población de moscas.

Son tan buenos con los desechos que los llevaron a Australia para que ayudaran a solucionar un problema. No había suficientes escarabajos peloteros en el país para manejar los residuos sólidos, o **boñigas**. Entonces llevaron escarabajos peloteros a las tierras de pastoreo del ganado para que enterraran el estiércol. Resuelve los problemas para descubrir más acerca de los escarabajos peloteros.

1. Una vaca puede producir alrededor de 84 boñigas cada semana. ¿Cuántas boñigas por día representa esto?

2. Sin los escarabajos peloteros, una boñiga puede convertirse en el hogar de ¡3,000 moscas en dos semanas! ¿Cuántas moscas por semana representa esto?

3. Un escarabajo pelotero hembra puede poner hasta 20 huevos por vez. Pero posiblemente no los ponga todos en la misma bola de estiércol. Si una hembra pone la misma cantidad de huevos en cada bola de estiércol, ¿cuáles son todas las formas posibles en las que puede hacerlo?

Boñiga

Glosario

amenazas: cosas que pueden causar problemas o daños

boñigas: desechos sólidos provenientes de las vacas

cercado: un espacio cerrado por una cerca o pared

crías: animales muy jóvenes, y en el caso de las tortugas, que acaban de salir del cascarón

contaminación: tierra, agua o aire sucios y dañinos

deshidratadas: que perdieron demasiada agua

elementos: partes específicas

enriquecimiento: el mejoramiento de la calidad de algo

exhibición: un objeto o espacio que ha sido expuesto para que la gente lo vea

hábitats: los lugares donde las plantas y animales suelen crecer o vivir

jeringa: un dispositivo que se usa para introducir líquidos en el cuerpo o extraerlos

parvovirus: una enfermedad que genera pérdida del apetito, vómitos y letargo

peligro de extinción: usado para describir un animal o planta que está en riesgo de desaparecer completamente

recuperación: el proceso de volver a estar saludable nuevamente luego de una enfermedad o lesión

rehabilitación: un tratamiento que recibe una persona o cosa para volver a estar saludable

Índice

Soluciones

Exploremos las matemáticas

página 9:

7 meses

página 13:

1. 20 lb
2. 6 neumáticos

página 17:

1. 10 días
2. 20 veces

página 21:

5 frascos

página 23:

1. 110 kg
2. 140 kg

página 25:

1. 6 veces más rápido
2. 4 veces más rápido

Resolución de problemas

1. 12 boñigas por día
2. 1,500 moscas por semana
3. 1 bola de estiércol,
   20 huevos;
   2 bolas de estiércol,
   10 huevos cada una;
   4 bolas de estiércol,
   5 huevos cada una;
   5 bolas de estiércol,
   4 huevos cada una;
   10 bolas de estiércol,
   2 huevos cada una;
   20 bolas de estiércol,
   1 huevo cada una